BEI GRIN MACHT SICH IHR WISSEN BEZAHLT

- Wir veröffentlichen Ihre Hausarbeit,
  Bachelor- und Masterarbeit

- Ihr eigenes eBook und Buch -
  weltweit in allen wichtigen Shops

- Verdienen Sie an jedem Verkauf

Jetzt bei www.GRIN.com hochladen und kostenlos publizieren

Bibliografische Information der Deutschen Nationalbibliothek:

Die Deutsche Bibliothek verzeichnet diese Publikation in der Deutschen National-
bibliografie; detaillierte bibliografische Daten sind im Internet über http://dnb.d-
nb.de/ abrufbar.

Impressum:

Copyright © 2017 GRIN Verlag
Druck und Bindung: Books on Demand GmbH, Norderstedt Germany
ISBN: 9783668639355

Dieses Buch bei GRIN:

https://www.grin.com/document/412856

Gulara Heydarova

Karl Kraus' Protest gegen die Belanglosigkeit Jung-Wiens

GRIN Verlag

GRIN - Your knowledge has value

Der GRIN Verlag publiziert seit 1998 wissenschaftliche Arbeiten von Studenten, Hochschullehrern und anderen Akademikern als eBook und gedrucktes Buch. Die Verlagswebsite www.grin.com ist die ideale Plattform zur Veröffentlichung von Hausarbeiten, Abschlussarbeiten, wissenschaftlichen Aufsätzen, Dissertationen und Fachbüchern.

Besuchen Sie uns im Internet:

http://www.grin.com/

http://www.facebook.com/grincom

http://www.twitter.com/grin_com

Inhaltsverzeichnis

1. Einleitung

Die erste große Skizze des Autors Karl Kraus ist das 1897 in Wien veröffentlichte Pamphlet „die demolirte Literatur". Bereits im Jahr zuvor war die Schrift in einer milderen und abgekürzten Form in der von Rudolf Strauss verlegten Wochenzeitschrift „Wiener Rundschau" erschienen. Dieses sorgte für ein breites Aufsehen unter der Leserschaft.[1] Thematisch befasst sich die Satire mit der Schließung des Cafés „*Griensteidl*", das symbolisch für den Zerfall der Wiener Dekadenz steht. Der Verfasser beschreibt in seiner sprachkritischen Skizze eine Realität, die in ihren Erklärungen und Ausdrucksformen ihrer selbst spottet. In seiner Beschreibung benutzt er satirisch-polemische Mittel. Mit dem Titel der „demolirten Literatur" verwies Kraus auf seine ein Jahr zuvor gemachte Äußerung: „Wien wird jetzt zur Großstadt demolirt. Mit den alten Häusern fallen die letzten Pfeiler unserer Erinnerungen und bald wird ein respektloser Spaten auch das ehrwürdige Café *Griensteidl* dem Boden gleichgemacht haben"[2].

Ausgehend von der in der Satire behandelten Thematik wird sich die vorliegende Arbeit mit der Fragestellung: „Karl Kraus' Protest gegen die Belanglosigkeit Jung-Wiens" beschäftigen. Für die Untersuchung wird zunächst ein Überblick über den historischen Hintergrund gegeben. In diesem Zusammenhang ist eine Erläuterung der Begrifflichkeit der „Café Haus Literatur" zu definieren. Diese ergibt sich aus der Bedeutung der Kaffeehäuser als ein wichtiger Treffpunkt der Gruppe „Jung Wien" und anderer Literaten. Nicht nur in Wien, sondern auch in anderen Metropolen der Welt, gab es die Tradition eigene Werke in Cafès zu verfassen. Ein Kaffeehaus war der beste Rückzugsort für Autoren und gleichzeitig ein Ort abseits von der Hektik des Alltags. Wien ist sowohl heutzutage als auch früher besonders berühmt für seine Kaffeehäuser. In der „demolirten Literatur" thematisierte Kaffeehaus ist das Café *Griensteidl*. Dort nahm die Gruppe der Jung-Wiener ihren Anfang. Nebst *Griensteidl* werden im Verlauf dieser Arbeit auch andere Kaffeehäuser, die damals gesellschaftlich von großer Bedeutung waren, untersucht. Das dritte Kapitel befasst sich mit der Literatengruppe „Jung-Wien", zu deren Kern Hugo von Hofmannstahl, Arthur Schnitzler, Richard Beer-Hofmann und Felix Salten gehörten. Das damalige literarische Feld wird von der Theoretikerin Dagmar Lorenz wie folgt zusammengefasst: „In Wien dominierte noch die „Realistenschule" mit Vertretern wie Ludwig Anzengruber, Marie von Ebner- Eschenbach oder Ferdinand von Saar. Dieser gegenüber hätten die Jung Wiener neue literarische Konzeptionen" entwickelt, für die Bahr als „einflussreicher Mittler zwischen Literaturen und

---

[1] Vgl.Perl Walter H. „die demolirte Literatur: eine frühe Streitschirft von Karl Kraus gegen Jung-Wien. In: Die Zeitschrift der Kultur. Band 30. 1970, S. 587
[2] Weigel (1978), S. 62

Literaten Europas".[3] Hermann Bahr, als Mentor des „Jung Wiens", hatte die Aufgabe ausländische Literatur in Wien zu vermitteln und somit die Wiener mit neuen literarische Richtungen vertraut zu machen. Bahr war dafür bekannt neue Autoren zu entdecken und sie zu fördern. Im vierten Kapitel werden die satirisch-polemischen Mittel, deren Karl Kraus` sich bediente, analysiert. „Die demolirte Literatur" vereint in sich die Satire und die Polemik. Die Einzelheiten werden ausführlich im Kapitel vier erläutert. Im fünften Kapitel geht es um die Auseinandersetzungen und Konflikte zwischen Jung-Wien und Karl Kraus. Dabei soll auch die mögliche Motivation von Kraus zu der Verfassung des Pamphlets analysiert werden. Die Kernaussagen werden im letzten Kapitel, dem Fazit dieser Arbeit, zusammengeführt und dargestellt.

2. Erklärung der Begrifflichkeit der Kaffeehausliteratur

Als Kaffeehausliteratur beschreibt man die Werke, die ganz oder zum Teil in Kaffeehäusern geschrieben wurden. Autoren, die solche Literatur verfassen, nennt man Kaffeehausliteraten. Wien war das Zentrum dieser literarischen Art, obwohl es auch in anderen Städten diese Tradition gab.[4] Zum Stammpublikum der Wiener Kaffeehäuser gehörten die Schriftsteller Alfred Adler, Peter Altenberg, Hermann Bahr, Richard Beer-Hofmann, Hermann Broch, Egon Friedell, Hugo von Hofmannsthal, Karl Kraus, Anton Kuh, Robert Musil, Leo Perutz, Ernst Polak, Alfred Polgar, Joseph Roth, Felix Salten, Arthur Schnitzler, Friedrich Torberg und Franz Werfel. Auch Maler, wie Gustav Klimt, Egon Schiele und Oskar Kokoschka, Architekten, wie Adolf Loos und Otto Wagner und die Komponisten Franz Lehár und Alban Berg gehörten zu dem Bild des Publikums der Kaffeehäuser.[5] Das Aufsuchen eines Kaffeehauses um seine Werke zu verfassen hat einen historischen Ursprung. Da die Heizkosten sehr hoch waren und ein beheiztes Zimmer ein Luxusgut, wichen viele Autoren auf die Kaffeehäuser aus. Der Josefstädter Journalist und Schriftsteller Joseph Richter berichtete in einem seiner berühmten Eipeldauerbriefe, einem satirischen Stück des josephinischen Zeitalters, das er ab 1785 ausarbeitete:

„Darauf sind wir in ein Kaffeehaus gangen, das ist eigens aufgericht worden, damit sich d´Leut, die kein Ofen und Holz z´Haus haben, warmen können. Wenn der Herr Vetter da ein Kaffee oder Tschokoladi trinken will, so muß der Herr Vetter erst bitten, daß d´Herren, die

---

[3] Arend Stefanie. „Wiener Moderne im Dialog mit Frankreich" In: Innere Form Heidelberg 2010 S.12
[4] http://wiener-cafes.websites.friedrichkromberg.com/kaffeehausliteratur/
[5] http://wiener-cafes.websites.friedrichkromberg.com/kaffeehausliteratur/

sich da warmen, dem Herrn Vettern Platz machen. Aber einige müssen gar sehr erfroren seyn; denn wie ich und der Herr Vetter Kafe trunken haben, so haben sie sich mit den Hintern auf unsern Tisch gsetzt und haben sich am Kafedunst gwarmt."[6]

Ein anderer Aspekt war die Tatsache, dass die Kaffeehäuser als ein Rückzugsort, gar als ein Fluchtraum, vor dem geschäftigen Leben fundierten. Die Autoren konnten dort alleine mit ihren Gedanken bleiben und sich auf ihre Arbeit konzentrieren. Heimito von Doderer schrieb diesbezüglich in seinem Roman „Strudlhofstiege": " In Wen geht man ins Cafe` um sich zurückzuziehen, und jeder setzt sich, inselbildend, so weit wie möglich von jedem anderen."[7] Nebst der Arbeit an ihren literarischen Werken, stellten viele Autoren ihre Arbeiten in einer Literaturrunde vor. Diese diente vor allem einem Feedback und galt der kritischen Betrachtung der einzelnen Ausführungen.

Man sollte nicht vernachlässigen, dass ein echtes Wiener Kaffeehaus auch ein Zeitungshaus war. Die Lektüre der Zeitung war dem Kaffeegenuss fast gleichzusetzen.[8] Eine Tageszeitung war oft nur in Kaffeehäusern verfügbar, denn ein Abonnement war meistens sehr teuer und nicht jeder Kiosk verfügte über eine Lizenz für den Verkauf. Somit hatten die Besucher der Wiener Kaffeehäuser die Möglichkeit mit Gleichgesinnten oder auch geistigen Opponenten zu kommunizieren und kulturelle Diskussionen zu führen.[9] Laut Stefan Zweig war das Cafe die „beste Bildungsstätte für alles Neue"[10]:

> So wußten wir alles, was in der Welt vorging, aus erster Hand, wir erfuhren von jedem Buch, das erschien, von jeder Aufführung, wo immer sie stattfand, und verglichen in allen Zeitungen die Kritiken; nichts hat vielleicht so viel zur intellektuellen Beweglichkeit und internationalen Orientierung des Österreichers beigetragen, als dass er im Kaffeehaus sich über alle Vorgänge der Welt so umfassend orientieren und sie zugleich im freundschaftlichen Kreis diskutieren konnte.[11]

Die Doppelfunktion des Kaffeehauses ermöglichte den Gästen einen Blick auf die Politik, Wirtschaft und Kultur ihrer Zeit und gewährleistete einen Platz und Ruhe zum Schreiben. Bereits seit dem 18. Jahrhundert war das Kaffeehaus ein Ort für viele wichtige Anlässe. Durch die Koexistenz von Stille und Lärm, Konzentration und Lebendigkeit und der Möglichkeit

---

[6] Zit. nach Oberzill: „Ins Kaffeehaus!" 2. Auflage, Wien, München S. 38.
[7] Zit. nach Michael Rössner: Literarische Kaffeehäuser und Kaffeehausliteraten S. 34
[8] Vgl. Oberzill, S.51
[9] Vgl. Dagmar Lorenz S.30
[10] Michael Rössner S. 35
[11] Ebd. S.35

zum Essen und Trinken war das Kaffeehaus eine „Heimstätte" vieler Schriftsteller.[12] Im Romanischen Café in Berlin wurden Verträge geschlossen, Zeitschriften geplant und Karrieregespräche geführt. Eine so zentrale Rolle in einer Stadt nahm nicht jedes Café ein.[13] Sowohl in der Vergangenheit als auch in der heutigen Zeit sind Kaffeehäuser und Kaffeehausrunden somit eine ideale Mischung aus Privatem und Öffentlichkeit.[14] Die „Kaffeehausliteraten" bauten eine enge Verbindung zu ihren Literaturrunden, verfassten mit anderen Mitglieder gemeinsame Texte, die primär nicht der Veröffentlichung, sondern dem Vergnügen dienten.[15] Als Kaffeehausliteraten galten in Wien vor allem die Autoren des „Jung-Wien" und Schriftsteller wie Peter Altenberg, Alfred Polgar, Egon Friedell und Anton Kuh. Peter Altenberg hatte sogar das Café Central als seine Heim-Anschrift angegeben.

Nebst den bereits erwähnten Eigenschaften verfügte ein Kaffeehaus über eine einzigartige Atmosphäre, die durch Zufälle und Unvorhergesehenes beherrscht wurde. Wie Alfred Polgar beschrieb, waren die Treffen in den Kaffeehäusern oft nicht vorab organisiert. Die Unbeständigkeit der Gäste, deren unregelmäßige Zusammentreffen und der Verzicht auf formale Beschlüsse wie Teamregeln, hatten zu spontanen Gesprächsbereitschaften beigetragen.[16]

2.1. Kramersche Kaffeehaus

Das *Kramersche Kaffeehaus*, das erste literarische Kaffeehaus, wurde 1719 von Jakob Kramer gegründet und wurde gerne auch *Gelehrtes Kaffeehaus* genannt.[17]

2.2. Das Neunersche Kaffeehaus

Café Neuner, das von 1808 bis 1855 existierte, war wegen der eleganten Ausstattung weitaus bekannter als andere Häuser, wie z.B. das *Neunersche Kaffeehaus,* und erhielt den Beinamen *Silbernes Kaffeehaus.* Hier trafen sich die Dichter Lenau, Grillparzer, Bauernfeld, Castelli, sowie die Komponisten Strauß, Beethoven und Lanner.[18] Das Neunersche Café war bei der Regierung nicht erwünscht, da man die Atmosphäre des Kaffees für das Bestehende

---

[12] Vgl.Ebd.S.34
[13] Vgl. Ebd. S.34
[14] Vgl. Ebd.22
15.Vgl. Ebd.
[16] Vgl. Lorenz Dagmar „Zentren geistigen Austausches, Orte der Wiener Kreise: Salon und Kaffeehaus" in „Wiener Moderne". Stuttgart, Weimar, Metzler 1995, S.29.
[17] Michael Rössner „Die Entwicklung des literarischen Kaffeehauses". In: „Literarische Kaffeehäuser"1999 S.36
[18] Vgl. Ebd.

bedrohlich fand. Zudem darf man nicht vergessen, dass das Neunersche Café in gewissem Maße dazu beigetragen hat die revolutionären Begebenheiten des Jahres 1848 vorzubereiten.[19]

2.3. Café Griensteidl von 1847 – 1897

Spätestens seit Karl Kraus 1869 anlässlich des Abrisses des Cafés Griensteidl sein Feuilleton „die demolierte Literatur" benannte, besteht ein fester Zusammenhang zwischen dem Kaffeehaus und der Literatur. In Wien sind diese beiden Begrifflichkeiten so eng miteinander verwoben, dass es die Meinung gibt wer das Kaffeehaus zerstört, zerstöre gleichzeitig auch die Literatur.[20]

Das nach dem Apotheker Heinrich Griensteidl benannte Cafe Griensteidl war die Nachfolge des Literaturcafé Neuner. Zunächst war das Griensteidl ein politisches Kaffeehaus. Wegen seiner zentralen Lage am Michaelerplatz entwickelte es sich zu einem Treffpunkt für Schauspieler des Burgtheaters, sowie für die Dichter Franz Grillparzer und Ludwig Anzengruber.

Berühmt als ein literarisches Kaffeehaus wurde das Griensteidl mit Hermann Bahr und seiner Literaturgruppe. Die Mitglieder dieser Runde waren Persönlichkeiten wie Arthur Schnitzler, der junge Hugo von Hofmannstahl, Felix Salten, Richard Beer-Hofmann, Felix Dörmann und Leopold von Andrian.[21] Wien unterschied sich während der letzten Jahre der Habsburgermonarchie vor allem auf dem kulturellen Gebiet und durch die große Anziehungskraft von anderen Großstädten. Das Café erlebte zu dieser Zeit seinen Höhepunkt als ein literarischer Ort. Die wichtigsten Kaffeehäuser befanden sich im Zentrum der Stadt.[22] Wien war für das geistige Leben ein Ort von einer außerordentlichen Stärke und sehr gefühlsbetont. Außer durch die mehr oder weniger berühmten Schriftsteller und Künstler, würde die eigentliche Publikumssubstanz der Kaffeehäuser von der intellektuellen Schicht gebildet. Laut Dubrovic waren diese Leute verschiedenen Alters und aus unterschiedlichsten Berufsgruppen. Durch ihr Bedürfnis hoben sich diese jedoch von der durchschnittlichen Bevölkerung ab. Sie hatten das Bedürfnis über die Vorgänge in der Literatur, Kunst und der Wissenschaft einen Meinungsaustausch zu führen.[23] Das Kaffeehaus war, wie Alfred Zöhner so aussagekräftig gesagt hatte, der „Hauptstapel und Umschlagplatz von Zeitideen". Bei diesen Gesprächen „sprühten Gedanken und Erkenntnisse, Geistigkeiten köstlicher Art

---

[19]Vgl. Gustav Gugitz: Das Wiener Kaffeehaus. Ein Stück Kultur- und Lokalgeschichte. Wien: Deutscher Verlag für Jugend und Volk 1940, S. 165
[20] Vgl. Michael Rössner: „Einleitung" In:Literarische Kaffeehäuser.Kaffehausliteraten". Wien, Köln, Weimar 1999, S.13
[21] Vgl. Michael Rössner S.36
[22] Vgl. Ebd.33
[23] Vgl. Milan Dubrovic: *Diagnose des Literaturcafés. Ein Literat ohne Werk* In: *Veruntreute Geschichte. Die Wiener Salons und Literaturcafés.* Wien / Hamburg 1985. S.27-37, hier.S.29

wurden verschwenderisch und mit der Achtlosigkeit großen inneren Reichtums verstreut, und wer diese Unterhaltungen am Kaffeehaustisch, in denen Hofmannstahl, Schnitzler, Beer-Hofmann mit höchster Grazie und blendender Bravour gleichsam geistig manschettierten, damals festgehalten und in ein Buch gedrängt hätte, könnte sich rühmen, eines der künstlerisch freiesten, anmutvollsten, offenbarendsten Dokumente der modernen Seele aufbewahrt zu haben."[24] Diese Aussage betont die ehrfürchtige Einstellung und das Gefühl geehrt zu sein sich im selben Raum mit den „Jung Wienern" zu befinden. Nach dem ersten Weltkrieg wurden diese alten Wertvorstellungen erodiert. Es bildete sich ein Vakuum in der Gesellschaft und es herrschte eine Orientierungslosigkeit.[25] Bei den Intellektuellen dieser Zeit herrschte ein Gefühl von Sinn und Wertekrise.

In der heutigen Zeit spielen Kaffeehäuser in der literarischen Gesellschaft keine so große Rolle wie damals. Das einzige Überbleibsel dieser Zeit sind die manchmal in Kaffeehäusern stattfindende Autorenlesungen.

3. Jung – Wien

„Damals, vor fünf, sechs Jahren als der Hermann Bahr von uns fortging, da gab es ein Jung-Wien noch nicht"[26], mit dieser Aussage macht sich der Berliner Journalist Franz Servaes auf die Suche nach einer Antwort auf die Frage „Jung-Wien!?" seit wann gibt es das?"[27]. Sein zu Beginn des Jahres 1897 erschienener Aufsatz macht deutlich, dass die Anfänge des Jung Wiens mit Hermann Bahr verbunden sind. Die Suche nach der Lösung der Frage lässt sich auf die späten achtziger Jahre zurückführen und beinhaltet Persönlichkeiten wie Schnitzler, Hofmannstahl, Beer-Hofmann, Salten, Dörmann, Goldmann, Specht, Lothar, Ebermann, Schwarzkopf, Robert Fischer und Paul Fischer, die Ende 1890 zusammengefunden haben. Die Literaten trafen sich in Wiener Kaffeehäusern, dem Cafe Central, Union. Pfob und der Kugel. Jedoch war das Café Griensteidl ihr beliebtester Treffpunkt. [28] Auch Privatwohnungen der Literaten dienten der gemeinsamen Treffen, man unternahm gemeinsame Ausflüge und verbrachte Zeit miteinander.[29] Bei den Treffpunkten besprach man die neusten Nachrichten aus Europa, neue literarische Werke oder besuchte Theateraufführungen. [30]

Die Grundstütze des Jung Wiens bildeten die Autoren Schnitzler, Hofmannstahl, Beer-Hofmann und Salten. Diese wurden von Anton Lindner, einem deutschsprachigen Lyriker,

---

[24] Lorenz Dagmar S.32
[25] Vgl.Ebd. S.30
[26] Rieckmann Jens „Genesis des Jungen Wien 1889-1892" In: „Aufbruch in die Moderne" Bonn 1985 S.43
[27] Ebd. S.43
[28] Vgl. Rieckmann (1985), S. 48
[29] Vgl. Irsigler, Orth (2015), S. 26
[30] Vgl. Rieckmann (1985), S. 48

Erzähler und Theaterkritiker, „Trabanten" von Bahr genannt. Im Jahr 1891 taucht das Wort „Clique" im Zusammenhang mit der Gruppe, der sich 1893 Leopold von Adrian anschloss, auf. Auch wenn man die Gruppe als ein fest miteinander verbundenes Glied ansehen konnte, gab es auch viele Spannungen unter den Mitgliedern.[31] In „Einführung in die Literatur der Wiener Moderne" werden die Jung Wiener eher als ein „loser Verbund junger Schriftsteller mit gemeinsamen Vorstellungen darüber, was Literatur jenseits des Realismus und Naturalismus zu leisten imstande sein könnte, als eine eingeschworene Gruppe" bezeichnet.[32] Ein geeignetes Beispiel, um die angespannten Verhältnisse zu verdeutlichen, ist die Beziehung von Hugo von Hoffmannstahl und Schnitzler. Obwohl sie durch den Literaturzirkel eng miteinander verbunden waren und gemeinsame Interessen hegten, verdeutlicht der gemeinsame Briefaustausch die bestehende Distanz zwischen den Beiden. Besonders das Siezen ist ein geeignetes Beispiel hierfür.[33] In einem Tagebucheintrag schreibt Schnitzler, dass die Gesprächsthemen stets „das rein intellectuelle" thematisierten und nie das Persönliche.[34] Seine Ehefrau fand jedoch für die Beziehung zwischen Schnitzler und von Hoffmannsthal andere Worte: „eine tiefere Bindung, die sich fast in kleinen Anfällen von Eifersucht bemerkbar machte."[35]

Anfang der neunziger Jahre kam es zu Abschirmung der Jung Wiener von der herkömmlichen österreichischen Literatur. Diese Trennung konnte man v.a. in den Zeitschriften und im Verlagswesen beobachten. Es gab nur wenige Zeitschriften bzw. Publizisten, die die Jung Wiener Literatur veröffentlichen wollte. Die Zeitschrift „Moderne Dichtung/Moderne Rundschau" stand den Autoren als einzige Option zur Verfügung. Die Auflage der Zeitschrift und das mangelnde Interesse des Publikums machten eine zufriedenstellende Resonanz und eine eigene Veröffentlichung unmöglich.[36]

Jüngere, modernere Autoren, wie <u>Karl Kraus</u>, der seine Kritik am deutlichsten hervorbrachte, gingen auf Distanz zu der Gruppe.

---

[31] Vgl. Irsigler, Orth (2015), S. 26
[32] Ebd.
[33] Vgl. Irsigler, Orth (2015), S.26f.
[34] ebenda
[35] ebenda
[36] Vgl. Reckmann (1985), S. 69

4. Wie wurden die Polemik und die Satire bei Karl Kraus dargestellt?

Karl Kraus beschreibt in seiner sprachkritischen Skizze eine Realität, welche durch ihre Erklärungen und Ausdrucksformen ihrer selbst diffamiert. Dabei behilft sich der Verfasser satirisch-polemischer Mitteln.[37] Es bedarf einer Definition des Begriffes der „Polemik", wobei diese literarische Form seit der Zeit der Gebrüder Grimm keine große Beachtung in der Germanistik bekam. In literaturwissenschaftlichen Wörterbüchern fehlt jede Erwähnung der Polemik. Auf den Begriff der „Poetik" folgt zumeist die „Politik".[38] In dem Fremdwörterbuch „Duden" wurde die geisteswissenschaftliche und die umgangssprachliche Bedeutung von dem Begriff der Polemik separat erklärt:

> „Polemik -die; en 1. Literarische oder wissenschaftliche Auseinandersetzung, wissenschaftlicher Meinungsstreit, literarische Fehde. 2. unsachlicher Angriff, scharfe Kritik" [39]

Der Theoretiker Arntzen benennt wie folgt ebenfalls zwei Arten der Polemik. Die Eine, die Individuen und Zustände angreift und die Zweite, die den Angegriffenen in eine satirische Figur verwandelt. Dabei verwendet er die Begriffe der „Intensivierung" und der „Komprimierung" [40]

Der Unterschied zwischen Satire und Polemik besteht darin, dass die Satire die Diskrepanz zwischen der wahren Wirklichkeit und dem aktuellen Zustand der menschlichen Dinge behandelt. Sie beschränkt sich nicht auf einzelne Tatbestände und prangert den Zeitgeist der Literatur. Die Polemik hingegen wählt einen bestimmten Gegner, der zu einem Gegenpart wird.[41] Das Ziel der Polemik ist begrenzt, eindeutig und klar. Die Polemik ist an ihr Objekt gebunden.[42] Satire ist allgemein, bei ihr geht es nicht um den Einzelfall, sondern um das Allgemeine. So wird in der „demolierten Literatur" mit der Bezeichnung des Kellners ein Typus gemeint, der ein repräsentativ belustigendes Bild seines Berufes darstellt.[43] Es herrscht in der Literatur so eine Meinung, dass jede Zeit ihren eigenen Satiriker verdient. In der Person von Kraus sehen wir die Bestätigung dieser Meinung. Der Zustand von einer Zeit stellt die Satire und Satiriker her.[44] Polemik ist immer eine Ausdrucksform der Aggressivität, die

---

[37] Vgl. Brygida Brandys „Satirisch-polemische Formen in Karl Kraus' Skizze „Die demolierte Literatur": in Karl Kraus-Ästhetik und Kritik, München 1989 S. 117
[38] Vgl. Straub Stefan „Der Begriff Polemik". In: „Der Polemiker Karl Kraus. Drei Fallstudien" Marburg 2004 S.13
[39] Ebd. S.12
[40] Vgl. Ebd. S.20
[41] Vgl. Brygida Brandys „Satirisch-polemische Formen in Karl Kraus' Skizze „Die demolierte Literatur.S.117.
[42] Vgl. Joachim Stephan „Einleitung und Thema" In: Satire und Sprache, München S.16
[43] Vgl. ebd. S. 17
[44] Satire und Sprache S.22

verbal bedingt ist. Solange brutale Gewalt und Ungerechtigkeit in einer Gesellschaft herrschen wird, wird die Polemik ihren Fortbestand finden. Karl Kraus kommt dieser brutalen Gewalt am schärfsten wörtlich entgegen und äußerte sich stets kritisch über seine nichtsatirischen Kollegen. Ein geeignetes Beispiel stellt die Gewaltanwendung der Polizei während der Julidemonstrationen 1927 in Wien und der Maidemonstrationen 1929 in Berlin dar. Seine kritischen Leistungen wurden bewusst vernachlässigt und als „widerlich" empfunden.[45] Eine derartige Beurteilung kann man als feindselig empfinden, da der Meinung der anderen Seite kein Gehör geschenkt wird. Durch die massive Abneigung gegen Kraus wurde eine ablehnende und falsche Einstellung gegenüber seiner Arbeit bei den Menschen hervorgerufen. Laut Kraus ist liegt der größte Teil der Schuld bei der Presse. Demnach zerstörte die Presse den zentralen Wert der Kultur, sowie auch die Identität des Wortes und der Wahrheit.[46] Charakteristisch für Kraus war, dass seine Kritik nicht pauschale Verallgemeinerung, sondern konkrete Negation war. Seine Rezensionen gewannen nur dann Interessen, wenn sie gegen etwas geschrieben waren.

Die Zeitgenossen beschuldigten Kraus, er hätte sich mit unwichtigen Personen auseinandergesetzt, wobei diese ihm letztendlich als Figuren für die Satirengestaltung fungierten. Er empfand sich seinen Figuren überlegen, suchte jedoch nicht aktiv nach ihnen. Seine Antwort auf diesen Vorwurf lautete:

> *„Außerdem wird immer noch geraten und die Generationen wachsen nach, die es mir raten, ich solle mir doch würdigere Gegner suchen. Woher nehmen und nicht stehlen? Und wenn immer wieder antworte, dass jene, wenn sie würdiger wären, mich nicht zum Gegner hätten, und dass doch der Kerr just mangels Bedeutung sich besser zur Polemik eignet als Shakespeare; und wenn ich darauf aufmerksam mache, es sei doch eben der Sinn der Polemik, das Missverhältnis zwischen der Geltung und dem Wesen der Null nachzuweisen: so antworten mir die, die es durch mich erfahren, dass einer eine Null sei, sie* hätten es längst gewusst."[47]

Seine Inspiration rührte oft aus dem Alltag und aus Merkmalen der einzelnen Persönlichkeiten, die seine Aufmerksamkeit erregten. So konnte es das Verhalten der einzelnen Personen sein, was ihm als Vorlage diente. Eine solche Vorgehensweise

---

[45] Vgl.Helmut Arntzen „Die Funktion der Polemik bei Karl Kraus" in: „Karl Kraus in neuer Sicht", Hrsg: Sigurd Paul Scheichl und Edwards Timms.München 1996. S.47

[46] Vgl.Ch. Heidemann „Kraus 'Konstitution als Satiriker" in :Satirische und polemische Formen in der Publizistik von Karl Kraus. Berlin 1958. S.39

[47] Straub Stefan „Bisherige Ansätze zu einer Theorie der Polemik" S.26.

nennt man Schaffung.[48] Ich vertrete die Meinung, dass der Kampf von K. Kraus nicht mit den eigentlichen Persönlichkeiten, sondern vielmehr mit der Sinnhaftigkeit ihres Handels zu tun hatte. Nicht nur zu seinen Lebzeiten, sondern auch danach wurde K. Kraus von seinen neutralen Lesern durch seine Polemik sehr stark kritisiert. Aus der Sicht der Satirik hat Kraus keine Gegner und er bekennt sich nicht zu ihm. Es ist ein polemisches Stilmittel das Angriffsziel entweder zu verkleinern oder zu vergrößern. Dabei wird die Figur, die ihm als Beispiel fungiert, zu einem potenziellen Gegner.[49] Anhand seiner Einstellung war der Leser für K. Kraus ein möglicher Gegner oder Gleichgesinnter.[50] Für Karl Kraus gab es keine Neutralität, er nahm die Menschen entweder als eigene oder Gegenpole. Dies führte dazu, dass er nach der Verfassung der „Demolirten Literatur" von Felix Salten körperlich angegriffen wurde. Dies sollte kein Einzelfall bleiben.[51] In dieser Skizze ist Karl Kraus sowohl Satiriker, als auch Polemiker. Als Polemiker attackiert er den „unsinnigen" Zusammenhang von „Kunst und Leben", protestiert in Wut geraten den Zeitgeist und seine Vertreter. Als Satiriker versucht er seine Figuren sarkastisch auf Abstand zu halten.[52] In der „Demolirten Literatur" existieren die Polemik und die Satire parallel nebeneinander und haben gleiche Anteile an dem Stück. Dies kann man bei den einzelnen Beschreibungen der Figuren und der Zustände erkennen. Dem Gegenüber hat die Polemik die Absicht einen Gegner anzugreifen ohne nach dem Grund seiner Eigenart zu fragen. In der Skizze findet man folgendes Beispiel:

> „Schweren Herzens werden jetzt alle Anderen *von der trauten Stätte ihres Wirkens scheiden. Man rüstet zum grossen Exodus: Der Demolirarbeiter pocht an die Fensterscheiben-es ist die höchste Zeit. In Eile werden alle Literaturgeräthe zusammengerafft: Mangel an Talent, verfrühte Abgeklärtheit, Posen, Grössenwahn, Vorstadtmädel, Cravatte, Manierirtheit, falsche Dative, Monocle und heimliche Nerven-Alles muss mit."* [53]

Als Polemiker wirft K. Kraus den Schriftstellern des Jungen Wien vor, sie würden an einem Mangel an Talent leiden und sehr früh abgeklärt sein. Des Weiteren kritisiert er das Bemühen aus einem Vorstadtmädel burgtheaterfähige Frau zu machen. Der polemische Anstoß bleibt

---

[48] Vgl. Ch. Heidemann. S.39.
[49] Vgl. Gunild Feigenwinter-Schimmel „Polemische Grundstruktur und satirischer Überbau" in : „ Karl Kraus Methode der Polemik" Basel . 1970. S.11
[50] Vgl .Gunild Feigenwinter-Schimmel „Vorwort" in: „Karl Kraus Methode der Polemik" Basel . 1970. S.1
[51] Vgl. Vgl. Helmut Arntzen „Die Funktion der Polemik bei Karl Kraus" in: „Karl Kraus in neuer Sicht", Hrsg: Sigurd Paul Scheichl und Edwards Timms. München 1996. S.48
[52] Vgl. Brygida Brandys. S.118.
[53] Karl Kraus: Die demolirte Literatur, S. 21

stets stärker als der satirische.[54] Da seine Schriften nicht als bloße Aussagen verstanden werden sollten, hatte Kraus die Aufgabe die Aufmerksamkeit der Leser auf die satirischen Momente zu lenken. Man musste im Vorfeld informiert sein, um die Anspielungen, die sofort nicht erkennbar waren, zu verstehen.[55]

5. Die Motivation Karl Kraus gegen Jung-Wien zu polemisieren

Von den wertkonservativen Kritikern war das Konzept der Jung-Wiener Schriftsteller keineswegs akzeptabel. Karl Kraus war einer der schärfsten Kritiker von Jung-Wien, obwohl er in seiner frühen Jugend selbst zu dieser Gruppe angehörte.[56] Er war ein Außenseiter und sein Intellekt war für ihn ein Mittel, das er gegenüber seinen Gegnern gut einzusetzen wusste. Mit seinem Pamphlet griff er die Wiener Literatenwelt vernichtend an.[57] Kraus nimmt in dieser Satire den kommenden Abriss des Cafes „Griensteidl" als Vorwand ein satirisches Sammelporträt der Autoren der Gruppe Jung-Wien darzustellen.[58] Ausführlich berichtet er über die Autoren Bahr, Andrian, Beer-Hofmann, Leo Ebermann, Leo Hirschfeld, Felix Dörmann, Victor Leon, Ferry Beraton und Salten, der wohl der Gegenstand der schärfsten Kritik ist. Auch Arthur Schnitzler wird kurz erwähnt. Er unterstellte den Jung-Wienern, sie würden kein eigenes Leben haben und kritisierte die Unzugänglichkeit zu ihrem Innenleben. Sein allgemeiner Vorwurf gegenüber den Jungwienern war: „Nicht-leben-Können oder Nicht-leben-Wollen".[59]

Kraus grenzte sich von diesen Ästheten ab, die das Leben nicht im Inhalt, sondern im Form suchten. Er war gegen die Arroganz der Jung-Wiener, deren scheinheilige Harmonie und auch gegen die literarische Machart seiner Zeit.[60] Dabei ging es nicht nur um die literarischen Intrigen, wie Schmidt-Dengler in seinem Aufsatz schreibt. „Seine Kritik ist von Anfang an vom Kampf gegen den Missbrauch der Sprache her organisiert. Kraus erblickte in der Sprache die einzige untrügliche Instanz; Sprachmoral wurde mit Moral gleichgesetzt, und die Entlarvung des Sprachmissbrauchs ist zugleich Entlarvung der Missetat."[61] Er kritisierte die zum Teil in der Öffentlichkeit sehr beliebten Autoren des Jung Wien äußerst scharf. Darunter

---

[54] Vgl. Brygida Brands. S.118
[55] Vgl. Mike Roggers. S.184
[56] Vgl. Dagmar Lorenz: Wiener Moderne, S.169
[57] Vgl. Perl, Walter H. „Die demolirte Literatur: eine frühe Streitschrift von Karl Kraus gegen Jung-Wien" in der „Zeitschrift der Kultur" S.586
[58] Vgl. Scheichl Sigurd Paul „Hugo von Hofmannsthal in Karl Kraus' "Demolierte Literatur" in „Cultura tedesca" S.217
[59] Vgl. Brygida Brandys. S.119.
[60] Vgl. Brygida Brandys. S.118
[61] Dengler- Schmidt Wendelin „Literatur zwischen Dekadenz und Moderne " in „Traum und Wirklichkeit- Wien 1870-1930" Wien 1985. S.306

befindet sich auch Hugo von Hofmannstahl, mit dem Kraus sein Abitur machte. Laut Reinhard Urbach, einem Theaterwissenschaftler, war die Beziehung zwischen Kraus und Hofmannstahl asymmetrisch. Während Kraus seinen Schulfreund öffentlich in seinen Werken kritisierte, tauchte sein Name in dessen Stücken so gut wie nie auf. Selbst in seinen Briefen bestrafte Hofmannstahl diesen mit Totschweigen. Arthur Schnitzler erwähnte Kraus hingegen mehrmals in seinen Tagebüchern.[62] Wie schon oben erwähnt wurde, Kraus war als Mensch sittenstreng, und er empfand die Novelle „Leutnant Gustl" unmoralisch und „ehrverletzend", daher nennt er ihn in seiner Satire einen „Pornographen". Jedoch wurde Arthur Schnitzler in der Satire vergleichsweise milde angegriffen. [63]In der „Demolirten Literatur" tauchte Hofmannstahl zunächst nicht auf, was man als eine Achtungsbezeugung deuten kann. Erst in den späteren Ausführungen war Hofmannstahl ein Gegenstand von Kraus' Kritik. Mit dem Eindruck von großer Gekränktheit schreibt Kraus in seinen Briefen an um 12 Jahre älteren Arthur Schnitzler:

> *„Aber da ich Sie, lieber Herr, stets hochgeschätzt und geachtet habe, so will ich mich auch Ihnen ganz offenbaren. Sie können ermessen, wie sehr es mich kränken musste, dass Sie mir vorgestern im Griensteidl, nachdem wir uns 4 Wochen nicht gesehen hatten, mit sittlicher Kälte und ich möchte sagen „Ceremonieller Höflichkeit" begegneten. – Ich hasse und hasste diese falsche, erlogene „Decadense", die ewig mit sich selbst coquetiert; ich bekämpfe und werde immer bekämpfen: die posierte, krankhafte, onanierte Poesie"* [64]

In dieser Passage wird das ausdrückliches Interesse gegenüber Schnitzler, aber auch die Einseitigkeit der Bemühungen um eine Auseinandersetzung und die Aufmerksamkeit, sichtbar. Die Provokation blieb seitens Schnitzler unerwidert. Diese scheinbare Gleichgültigkeit von Schnitzler verursacht ein sinkendes Selbstwertgefühl bei Kraus, dem es große Überwindung kostete diese Schreiben zu verfassen. Das ignorierende Verhalten von Schnitzler gibt zu verstehen, dass er diesen Abstand aufrechterhalten will. Er empfindet sich als Literat in einer dem Kraus überlegenen Position.[65] Kraus ist in der Öffentlichkeit als ein Journalist und Theaterkritiker bekannt. Aus diesem Grund sahen sich seine Zeitgenossen, wie Schnitzler, der ein Arzt war, und Hofmannstahl, der bereits mit achtzehn Jahren ein berühmter

---

[62]Vgl. Scheichl Sigurd Paul „Hugo von Hofmannsthal in Karl Kraus'"Demolierte Literatur" in „Cultura tedesca" S.211
[63] Vgl. Brygida Brandys. S.121
[64] Vgl. Kosler Hans Christian: „Karl Kraus und die Wiener Moderne" S.39
[65] Vgl. Ebd. S.39

Dichter war, nicht auf einer Ebene mit Kraus.[66] Auch im Briefwechsel zwischen Hofmannstahl und Schnitzler und zwischen Bahr und Hofmannstahl wird sein Name nicht erwähnt und Kraus als Person nicht weiter thematisiert. Sogar als ein potenzieller Gegner wurde er von ihnen nie notiert. Ein Brief von Hofmannstahl an Max Rychner, von dem 1924 eine Broschüre über Karl Kraus veröffentlicht wurde, zeigt wie weit diese Ignoranz ging:

> *„Ein Urteil von K. könnte mich nicht beschäftigen; ich glaube nicht dass er zu einem fundierten Urteil- und nur ein solches hat irgendwelches Gewicht- die Substanz in sich hat. Ich weiß, dass er manchmal, wenn er in Schwung ist, in einer gewissen Art gut schreibt, und mit wirklichem Witz. Aber irgendwelche Substanz traue ich ihm nicht zu. Ich habe ihn vor dreißig Jahren recht gut gekannt; wir waren beide damals sehr junge Menschen; doch erinnere ich mich genau. Es war auch damals nichts in ihm, auch kein Wille, sich zu fundieren, nichts als ganz kurze Zwecke und Absichten."* [67]

Der Autor, der sich über mehrere Jahre mit kraus Stil und Arbeit auseinandergesetzt hat, kritisiert Kraus. Seine Aussage ist nicht eine direkte Vernichtung von Kraus Stil, sondern eher eine Vermutung über dessen Unzulänglichkeit und Unfähigkeit Besseres zu leisten.

Der Name eines der wichtigsten Gäste des Cafe Griensteidl, Peter Altenberg, ist in der Satire nicht anzutreffen. In einem Wiener Brief in der „Breslauer Zeitung" vom 18. April 1897 bezeichnet Kraus Altenberg als „diesen Undemolirbaren in der Demolirten Literatur".[68] In der „Demolirten Literatur" wurden keine Eigennamen verwendet. Nebst „Griensteidl" sind jedoch alle Betroffenen deutlich zu erkennen.[69] In seiner Satire kritisiert Kraus den Autor Bahr und seine Arroganz der festen Überzeugung zu sein neues zu Erschaffen. Er war der Chronist des Jung-Wiens, bzw. war der Ausrufer aller Neuigkeiten im Cafe-Griensteidl [70] Für Kraus sind die Neuschaffungen von Bahr nichts Außergewöhnliches und bloß scheinbare Entdeckungen.

> *„Über den Verkehr mit seinen Schülern ist bekannt, dass der Herr aus Linz sich jederzeit mit Selbstentäußerung für sie eingesetzt hat. Ohne ihn wäre manche junge Talentlosigkeit frühzeitig zugrunde gegangen und vergessen worden. Es sind nicht wenige, die sich rühmen können, von ihm entdeckt zu*

---

[66] Vgl. Kosler Hans Christian: „Karl Kraus und die Wiener Moderne" S. 40
[67] ebd. S.47
[68] Vgl. Scheichl Sigurd Paul „Hugo von Hofmannsthal in Karl Kraus' „Demolierte Literatur" in „Cultura tedesca" S.217
[69] Vgl.Brygida Brandys S.120
[70] Vgl. Ebd. S. 121

werden [...] Europa werde in vier Wochen von ihnen sprechen. „Wie ich
Europa kenne", denn sagte er einmal- „ Europa zwischen Wolga und Loire hat
kein Geheimnis vor mir [...] die Tatsache, *dass einer noch ins Gymnasium*
ging, begeisterte den Entdecker zum Ausrufe: „ Goethe auf der Schulbank" [71]

Wie ersichtlich, belegt Kraus seine Meinung mit direkten Zitaten aus Bahrs Aussagen. In
diesen Ausführungen setzt Bahr den jungen Hugo von Hofmannsthal mit Goethe gleich. Diese
Tatsache sieht er als eine Entdeckung an. Der Vergleich zwischen von Hofmannsthal und
Goethe bekommt unter dem satirischen Hintergrund einen verspottenden Beiklang. Diese
Beschreibungen von Bahr schafft eine Vorstellung vor dem Leser, dass Bahr in sich sowohl
die Persönlichkeiten eines Entdeckers, als auch eines Verkünders neuer Wahrheiten vereint.
Kraus findet diese Feststellung als zynisch. Außerdem wirft Kraus Bahr vor, dass er Goethe
nachahmt. „Heute, wo er Goethe kopiert, findet er die meisten Nachahmer, und kaum einen
seiner Schüler gibt es, der um den Unterschied zwischen einem „Kenner" und einer „Menge
verlegen wäre"[72]. Mit diesem Satz betont Kraus, dass Bahr kein Schriftsteller, sondern ein
Nachahmer sei. Trotz all diesen Vorwürfen von Karl Kraus herrschte auch die Meinung von
seinen Zeitgenossen, dass durch Bahrs Verdienst moderne österreichische Literatur neue
Talente gewonnen habe[73]. Bahr war, wie schon betont wurde, der erste, der den Hofmannstahl
entdeckte, was Kraus's satirische Darstellung verursacht hatte.[74]

Des Weiteren enthüllt K. Kraus ironisch den Ästhetizismus eines Autors aus dem
Literatenkreis Jung Wien. Der gemeinte Autor ist Richard Beer-Hoffman, bei dem Kraus
seine Vorgehensweise als Schriftsteller auslacht.

> „ Da ist ein Schriftsteller, der so große Erfolge auf dem Gebiet der Mode
> *aufzuweisen hat, dass er sich getrost in eine Konkurrenz mit der schönsten*
> *Leserin einlassen kann. Diesem Autor, der seit Jahren an der dritten Zeile*
> *einer Novelle arbeitet, weil er jedes Wort in mehreren Toiletten überlegt*
> [..]." [75]

Da er ästhetisch sehr sensibel sei, bevorzuge er auch nur einen Umgang mit den Leuten zu
verkehren, die seinen Kunstvorstellungen passen. Kraus kritisiert diese Tatsache mit den
Worten:

---

[71] Karl Kraus: Die demolirte Literatur S.11
[72] Ebd. S.8.
[73] Vgl.Brygida Brandys S.123
[74] Vgl.Ebd.S.123
[75] Karl Kraus: Die demolirte Literatur Ebd. S.13

„ *Stets auf Schönheit und möglichste Exaktheit einer jeden Pose bedacht,*
versteht er alles um sich herum zu geschmacksvoller Wirkung zu vereinigen,
indem er beispielsweise nur mit solchen jungen Leuten verkehrt, den Anzug zu
dem jeweiligen seinen passt und er geht dann in der so hergestellten Harmonie
der Freundschaft seelisch ganz auf." [76]

Das Gefühl von Ästhetik ist bei Beer-Hoffman so weit gegangen, dass er sich verpflichtet fühlt den Leuten Kommentare und Anweisungen bezüglich des Toilettenzustands zu geben: „In seinem Kreise hat er einen sehr heiklen Dienst zu versehen. Seine Aufgabe ist es, den Toilettenzustand jedes ankommenden Literaten zu visitieren und auffällige Korrekturen vorzunehmen. [..] Sein prägnanter Tadel: „Das wird sich nicht halten " oder „Das trägt man nicht mehr"[..]; sein bündiges Lob: „Das kann so bleiben." Und man mag sich diese Kritik ruhig gefallen lassen, da unser Dichter selbst der Natur gegenüber mit ähnlichen Bemerkungen nicht zurückhaltend ist, indem er sich beim Anblick einer Landschaft schon wiederholt geäußert haben soll: „Das müsste etwas stilisiert werden! und nur selten das Lob spendet: Das kann so bleiben."[77] Im weiteren Textverlauf schreibt Kraus, dieser Autor ginge mit seinen Bestrebungen so weit, dass er von seinem Umfeld nicht mehr verstanden würde und den Rückzug bevorzugen würde. So habe er mehr Zeit, um sich mit sich selbst zu beschäftigen[78]

Neben all diesen Autoren kommt Kraus auch auf Felix Salten zu sprechen. Während seine Literatenkollegen aus dem Kreis Jung Wien Unnatürlichkeit bereits zur Routine gebracht haben, „sieht man ihm stets noch die Mühe an, die ihn seine Nervosität kostet"[79]. Kraus erklärt, Salten er könnte es nicht ertragen, „wenn man mit einem Messer auf dem Teller kratzt. Aus solchen Vorfällen, die in anderen das normale Unbehagen erzeugen, empfängt er die Anregung zu dichterischem Schaffen. [..] Nach den Stoffen hatte er nie weit zu gehen. Er schrieb immer das, woran seine Freunde gerade arbeiteten."[80] Er nannte ihn „ein Parvenu der Gesten, der seinen literarischen Tischgenossen Alles abgeguckt hat und ihnen die Kenntnis der wichtigsten Posen verdankt."[81] Damit betont Karl Kraus sarkastisch, dass die Ideen von Salten nicht seine eigenen und unecht sind. Seinen satirischen Angriff auf die „Nervendichtung" bringt Kraus in der Beschreibung von Felix Dörmann sehr stark zum Ausdruck. Nach Kraus` ist er das beste Beispiel für „verwelkte Nerven". Dörmann besitze die

---

[76] Ebd. S.13
[77] Ebd. S.13
[78] Vgl. Ebd. S.14
[79] Ebd. S.14
[80] Ebd. S.15
[81] Ebd. S.14

besondere Fähigkeit „aus minimalen Erscheinungen ungeahnte Anregung zu ziehen"[82]. Kraus witzelt über die dichterische Art von Dörmann wortspielerisch und sehr ironisch: „Neurotica wurden confiscirt und hatten „Sensationen", diese aber „Gelächter" im Gefolge."[83] Der Ursprung Dörmanns Dichtkunst ist dem Anschein nach die Liebe. Kraus fügt diesbezüglich hinzu:

> „Stets hat er um mehrere Grade höher gedichtet, als erlebt, und wenn man sich *nach den Urheberinnen seiner Ekstasen erkundigte, konnte man staunend erfahren was so ein dämonisches Weib für Minderbemittelte alles im Stande ist, wenn es von einem modernen Lyriker empfunden wird. Einst gab er vor,* „alles, was seltsam und krank" zu lieben."[84]

Auch im Tagebuch von Arthur Schnitzler findet man eine Notiz über das künstlerische Versagen des Dichters Felix Dörmann. Am 8. Juli 1891 schrieb Schnitzler:

> „von Felix Dörmann erschien ein Gedichtband Neurotica, der neben sehr *schönen Sprach und Stimmungseinzelheiten Brutalitäten und* Geschmacklosigkeiten, lyrische Unwahrheiten und Schlampereien enthält"[85]

Kraus und Schnitzler besaßen in diesem Zusammenhang einen gemeinsamen Standpunkt, das für ihre sonst oppositionellen Haltungen, ungewöhnlich war.

6. Fazit

Kraus' Arbeit ist eine beispiellose Abbildung des Zusammenspiels zwischen der Satire und der Polemik. Durch die Resonanz, die das Pamphlet in der damaligen auslöste, wird es jedoch deutlich, dass diese Kunstform ein mit viel Kritik verbundenes Novum war. Die „Demolirte Literatur" zog eher Kritiker als Befürworter nach sich und führte zu einer Abgrenzung von Kraus und den anderen Literaten. Das beweisen zahlreiche Forschungsliteraturen, die sich die Analyse der „Demolirten Literatur" zur Aufgabe gemacht haben. Diese Ausarbeitung sollte nach Möglichkeit beide Standpunkte vertreten und die positiven und negativen Ansichten in sich vereinigen. Fraglich ist, ob Kraus wirklich nur seine Feinde zum Objekt seiner satirischen Polemik gemacht hat. Durch die vielen persönlichen Einflüsse bleibt es offen welchen Anteil die damaligen gesellschaftlichen und politischen Ereignisse auf die Arbeit von Kraus hatten. Gleichzeitig wäre es jedoch ein weiteres Beispiel für die Vereinigung der Stile der Satire und

---

[82] Die demolirte Literatur.S.18
[83] Ebd. S.18
[84] Ebd. S.18
[85] Brygida Brands S.126

18

der Polemik. Kraus schildert den Zeitgeist Wiens aus dem Jahr 1897 auf eine temperamentvolle und eindrückliche Art und Weise, wodurch die Polemik den Charakter einer Sprachsatire annimmt. Diese impliziert sich in der höchsten Sprachkunst seiner Arbeit. Gleichzeitig behält Kraus bei seinen Aussagen den Anspruch immer Recht zu haben. Das Unrecht seines Gegners wird als Selbstverständlich vorausgesetzt. Dieser hat keine Möglichkeit gegen ihn anzukommen und spielt gegenüber Kraus eine untergeordnete Rolle.[86] Durch den Anspruch eine Satire zu sein und die Einflüsse der Polemik wird seine Schärfe, sein Witz und seine fast beleidigend wirkende Sprachkraft in professionelles Licht gerückt.[87] Zuletzt kann man sagen, dass die „Demolirte Literatur" in der heutigen Zeit wohl kaum so ein großes Aufsehen erregen würde wie sie es 1897 tat. Dies mag an der Fortentwicklung der Literatur und den Veränderungen der Zeit liegen. Es bleibt jedoch die Tatsache, dass Kraus mit seiner Arbeit seiner Zeit voraus war.

---

[86] Vgl. Brygida Brands. S.127
[87] Vgl. Ebd. 127

Literaturverzeichnis

Primärliteratur

Kraus, Karl: „*Die demolirte Literatur*" : In: *Wiener Rundschau*. Wien 1897.

Sekundärliteratur

Arend, Stefanie: „*Wiener Moderne im Dialog mit Frankreich*", Universitätsverlag Winter GmbH, Heidelberg, 2010

Arntzen, Helmut: „*Die Funktion der Polemik bei Karl Kraus*" in: „*Karl Kraus in neuer Sicht*", Hrsg: Sigurd Paul Scheichl und Edwards Timms. München ,1996.

Brandys Brygida „*Satirisch-*polemische Formen in Karl Kraus' Skizze „ Die demolierte Literatur" : in" *Karl Kraus-Ästhetik und Kritik*", München 1989.

Heidemann, Christian: „Satirische und Polemische Formen in der Publizistik von Karl Kraus". Berlin, 1958.

Irsigler, Ingo, Orth, Dominik: „Einführung in die Literatur der Wiener Moderne," 1. Auflage, WBG Darmstadt, 2015.

Kosler Hans Christian: „Karl Kraus und die Wiener Moderne" in: „Text+Kritik" Hrsg: Heinz Ludwig Arnold. C.H.Beck. München, 1975.

Gunild Feigenwinter-Schimmel: „Karl Kraus Methode der Polemik" Basel, 1970

Lorenz, Dagmar: Wiener Moderne. 2. Aufl. J.B. Metzler, Stuttagrt, Weimar, 2007

Perl, Walter H: „*Die demolierte Literatur: eine frühe Streitschrift von Karl Kraus gegen Jung-Wien*" in: „*Die Zeitschrift der* Kultur" . Zürich, 1970. Bd.30.

Oberzill H. Gerhard: „*Ins Kaffeehaus!*" 2. Auflage, J&V Wien- München, 1983

Rogers, Mike: Die Satire der Anspielung bei Karl Kraus und das Problem der Anmerkung. In: Gilbert J. Carr; Edward Timms (Hg.) Karl Kraus und die Fackel. Aufsätze zur Rezeptionsgeschichte/ Reading Karl Kraus. Essays on the reception of Die Fackel. München: Iudicium Verlag 2001.

Rössner, Michael: „Literarische Kaffeehäuser Kaffeehausliteraten" Böhlau Weimar, 1999.

Rieckmann, Jens: „Aufbruch in die Moderne" , Athenäum Verlag, Bonn, 1985.

Stephan, Joachim: „Satire und Sprache". Zu dem Werk von Karl Kraus. München: Anton Pustet Verlag.

Straub, Stefan: „Der Polemiker Karl Kraus Drei Fallstudien" Tectum Verlag, Marburg, 2004

Scheichl Sigurd Paul: „Hugo von Hofmannstahl in Karl Kraus' „Demolirte Literatur", in: „Cultura Tedesca", Bd.2, 1999

BEI GRIN MACHT SICH IHR WISSEN BEZAHLT

- Wir veröffentlichen Ihre Hausarbeit,
  Bachelor- und Masterarbeit

- Ihr eigenes eBook und Buch -
  weltweit in allen wichtigen Shops

- Verdienen Sie an jedem Verkauf

Jetzt bei www.GRIN.com hochladen und kostenlos publizieren